DIVERTISSEMENT POUR MONSEIGNEUR LE DUC DE BOURGOGNE.

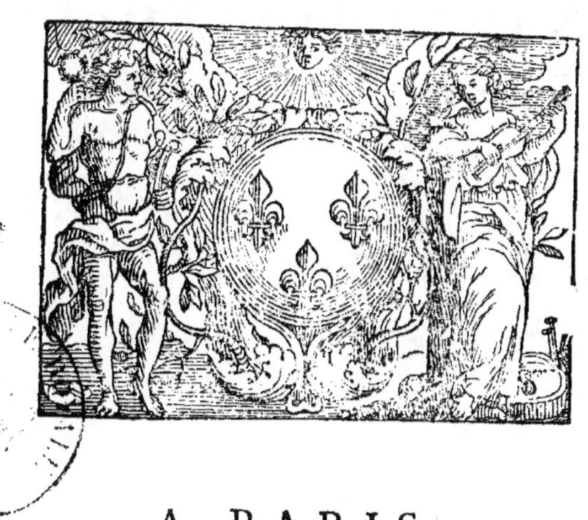

A PARIS,
[Pa]r CHRISTOPHE BALLARD, seul Imprimeur du Roy pour la Musique, ruë S. Jean de Beauvais, au Mont Parnasse.

M. DC. LXXXIII.

A MADAME LOUISE DE PRIE, MARESCHALE DE LA MOTTE, DUCHESSE DE CARDONNE, &c. GOUVERNANTE DES ENFANS DE FRANCE.

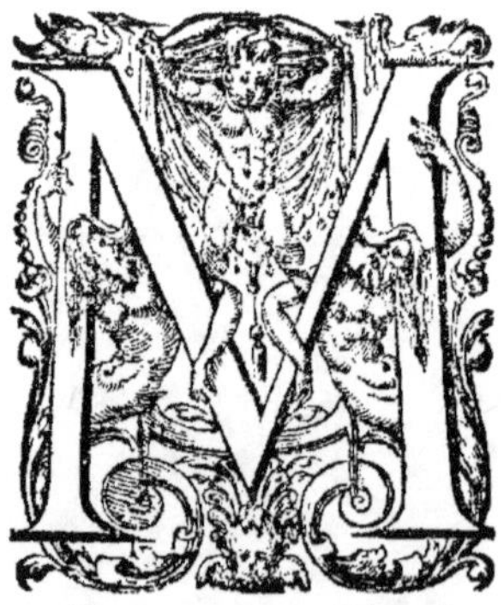

ADAME,

Je me vois également embarrassé, en vous offrant ce petit Ouvrage, à faire vôtre Eloge & à demander vostre protection. Cependant, MADAME, l'un surpasse mes forces, & je sçay l'autre au dessus de mon merite. Comme je n'ay pas assez d'habileté, je n'ay garde d'hazarder le premier; il n'appartient qu'à une plume eloquente de toucher finement cette beauté d'esprit; cette droiture de cœur; ces manieres engageantes; ce bon goût; cette Vertu heroïque, & ce merite extraordinaire qui vous attirent tant d'eloges & l'estime de toute la Cour. Pour moy, MADAME, je m'en tiens à vôtre protection, fondé sur vôtre bonté; & d'ailleurs persuadé de vôtre zele, & de vôtre empressement dans toutes les rencontres qui peuvent donner du plaisir à cet aimable Prince dont le Roy vous a confié le Gouvernement. Cet auguste Enfant a témoigné tant de joye à m'entendre chanter quelques Airs que j'avois faits pour luy, que j'ay crû qu'un Ouvrage plus considerable le divertiroit encore plus agreablement: Voila mon unique veuë; heureux! si jay pû y reüssir & meriter par-là l'honneur de vostre protection, & l'avantage de me dire avec un profond respect,

MADAME,

Vostre tres-humble & tres-obeïssant serviteur,
BERNARD, de la Musique du Roy.

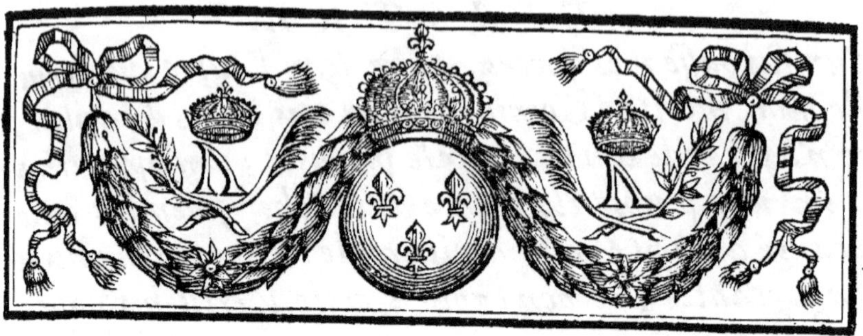

DIVERTISSEMENT
POUR MONSEIGNEUR
LE DUC DE BOURGOGNE.

LA RENOMMÉE qui publie la grandeur des Exploits du Roy, & les Magnificences de Verſailles.

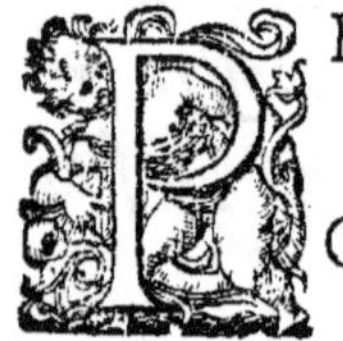

PEUPLES accoûtumez au bruit des grands Exploits
Qu'a fait dans l'Vnivers le plus puiſſant des Roys,
Dont le Nom a volé juſqu'au bout de la Terre ;
Venez voir ce Grand ROY dans ce fameux Palais,
Vous l'oüiſtes tonner comme Dieu de la Guerre,
Vous le verrez briller comme Dieu de la Paix.

Quoy qu'ait dit la ſuperbe & docte antiquité
Du Palais des Ceſars qu'elle a ſi ſort vanté,
Verſailles eſt ſans égal, & le ſeul qui merite
D'attirer les regards des hommes & des Dieux;
Plus charmant que les Lieux que Jupiter habite,
Et qui peut le tenter d'abandonner les Cieux.

Deux Graces qui aplaudiſſent à la Renommée.

DAns ces beaux Lieux où l'on voit tant de charmes
Dans ces beaux Lieux
Eſt le ſéjour des Dieux,
Chacun y vit ſans chagrin, ſans alarmes,
Tout y fleurit, tout y charme les yeux.
Dans ces beaux Lieux où l'on voit tant de charmes,
Dans ces beaux Lieux
Eſt le ſéjour des Dieux,
Et ſi l'Amour y fait ſentir ſes armes,
Les Jeux, les Ris en banniſſent les larmes,
On ne voit rien de ſi délicieux.
Dans ces beaux Lieux où l'on voit tant de charmes,
Dans ces beaux Lieux
Eſt le ſéjour des Dieux.

La Nymphe de Versailles.

SEjour plein de felicité,
Beaux séjour de la Majesté,
Séjour où tout plaisir abonde,
Séjour le plus charmant du Monde,
O! cent fois trop heureux séjour
Pour qui tout l'Univers soûpire!
Séjour où les Plaisirs, les Graces & l'Amour
Ont tous estably leur Empire.

Plainte des Bergers & Bergeres de Versailles pendant l'absence du Roy.

DAns ce Lieu si charmant, ou tout le Monde sçait
Que l'on a veu souvent un Monarque adorable,
Je n'y remarque rien qui me paroisse aymable,
Et loin de ce Grand Prince, il est tout imparfait.

Les Ruisseaux malgré le silence
Grondent d'un si triste départ,
Et tous les Arbres prennent part
Au Deüil que cause son absence,
Et les plus aimables Zephirs
Se sont tous changez en soûpirs.

Nos Chalumeaux & nos Musettes
Pendent aux Arbres de nos Bois,
Nous attendons dans nos Retraittes
Le retour du plus grand des Roys;
On n'entend plus les douces voix,
Les beaux Airs ny les Chansonnettes.
Nos Chalumeaux & nos Musettes
Pendent aux Arbres de nos Bois,
Nous attendons dans nos Retraittes
Le retour du plus grand des Roys.

Chœur des Bergers & Bergeres de Versailles.

POur augmenter l'inquietude
Qui nous devore nuict & jour,
On a fait une solitude
De nostre agreable séjour:
Que nostre sort est déplorable!
De ne voir plus dans ces beaux Lieux
Ce que la Terre trouve aimable
Et ce qu'on aime dans les Cieux.

LE DIEU PAN *qui anonce aux Bergers l'heureux retour de sa Majesté.*

BErgers pourquoy tant de soûpirs?
LOUIS dans ces beaux Lieux ramene les Plaisirs,

Diſſipez vos chagrins, banniſſez vos alarmes,
Venez Vous y verez l'objet de vos deſirs,
Ce fameux Vainqueur, ce Conquerant plein de charmes.

LA FRANCE *qui marque ſa joye ſur la Naiſſance de Monſeigneur le Duc de Bourgogne.*

ARbitre ſouverain de la Paix, de la Guerre,
Grand Roy plus redouté que le Dieu du Tonnerre,
Pour combler voſtre heureux Deſtin,
Le Ciel qui veille pour le noſtre
Voulut vous donner un Dauphin,
Ce Dauphin vous en donne un autre.

Ces Princes que le Ciel vous donne,
Aprés ce que vous avez fait,
Sont plus Grands d'eſtre iſſus d'un Heros ſi parfait
Que d'heriter d'une Couronne.

Que ſi l'on voit en eux le Chef-d'œuvre des Cieux,
Et l'ornement parfait du beau Siecle où nous ſommes,
C'eſt qu'ils ſortent d'un Roy plus puiſſant que les Dieux,
Qui fait toute la gloire & le bonheur des hommes.
Pour combler voſtre heureux Deſtin,
Le Ciel qui veille pour le noſtre

Voulût vous donner un Dauphin;
Ce Dauphin vous en donne un autre.

La Nymphe de Verſailles & celle de la Seine qui invitent tous les Peuples à ſe réjoüir ſur l'Auguſte Naiſſance de Monſeigneur le Duç de Bourgogne.

TOut eſt charmé de la Naiſſance
D'un Fils qui ſort du Sang des Dieux;
Il fait renaiſtre en abondance
Les Jeux, les Ris, dans ces beaux lieux:
Chantons à l'honneur de la France,
Et qu'on entende juſques dans les Cieux:
Tout eſt charmé de la Naiſſance
D'un Fils qui ſort du Sang des Dieux.

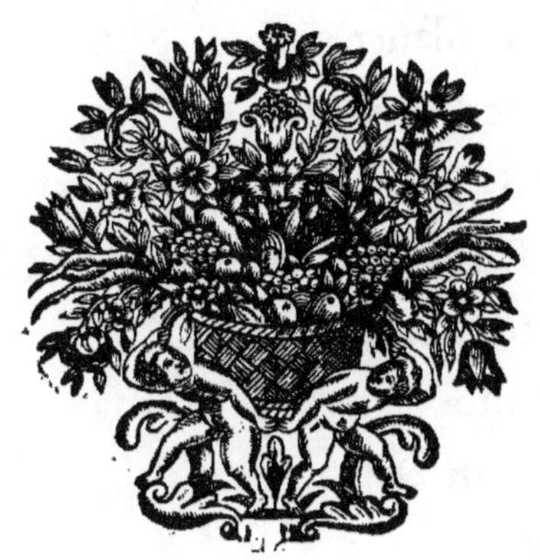

Les Bergers Provenceaux qui viennent marquer leur joye & divertir Monseigneur le Duc de Bourgogne, par leurs Chansons.

PREMIERE CHANSON.

MOn Diou las bellos chamados
Qu'a ques matin an dounat
Sur doues Trompetos daurados
Au grand Prince nouveou nat
L'un fasie tararo, taran lan la faliron ton ton:
Et puis l'autre ly respon,
Tararo taran lan la, faliron tonton
Sias louben vengut Picho poupon.

D'vn ton de réjoüissence
Fan entendré lours Concers
Et publicon sa naissance
Jusqu'au bout de l'vnivers,
En fazen tararo, &c.

DEUXIE'ME CHANSON.

ANnen li tous ensen
Bregado
Annen li tous dansen
Per veyre lasjacen
Ly donnaren l'aubado.

Lou Flajollé,
Turou, lurou, lurou ré
Turou ru seuretto,
Tic, & tic, tic & tic, & tac sur la clinquete
Tan, patapan sur lou tambour
Per aquello mairé d'amour.

Faut réjoüir l'enfan
Emé son Perogran
Aqueou Grand Conqueran
E son Auguste Pairé.
Lou Flajollé, &c.

TROISIE'ME CHANSON.

ANnen tous lou veire à Versailles
Dins son Bercëou,
Dieu que fay luzy lej muraillos
Commo un souleou,
Si dansez souleto
Lizetto,
Dis Charlo,
Dau clo clo de teis esclo
Divertiras lou picho.

Non fau pas veire les Caſcados
Dau beou Jardin
Que n'ayen fach millos combados.
Au Gran Dauphin,
Cependant lizeto.
Souleto
Dis Charlo
Dau clo clo de ſeis eſclo
Divertira lou picho.

Grando & charmanto Marechallo
Pleno d'hounour
Que touto la Maiſon Rouyallo
Aimo d'amour,
Souffrez que Lizeto
Souleto
Dis Charlo
Dau clo clo de ſeis eſclo
Divertiſſé lou picho.

CHANSON QUATRIESME.

PRend ton Tambour Charlo, ven eme jou
Per divertir l'Eroino
Dauphino
Qu'a fach un beou fiou.

Quand l'y seren veicy commo fau faire
Para pata pan
Lireto
A quo pau pas manqua de réjoüir la Mairé,
Para pata pan
Lireto
A quo pau pas manqua de réjoüir l'Enfan.

Tout en jugan dessus lou Tambourin
Veiras commen la Princesso
Caresso
Son beou Poupelin.
Quand l'y seren veicy como fau faire,
Para pata pan, &c.

LA FRANCE A MONSEIGNEVR.

DAuphin digne de vos ayeux,
En vain pour vous former vous parcourez l'Histoire
Sans un pareil secours nous lisons dans vos yeux
Quelle doit estre vostre gloire;
Et si Mars une fois r'appelle ses Guerriers
Vous irez dans ses champs moissonner des Lauriers.

Vous de qui la valeur par le Ciel fut choisie
Pour abattre le Thrône & l'orgueil d'un Tyran,
L'on vous verra bien-tost au milieu de l'Asie
Relever nos Autels, renverser l'Alcoran.

DIALOGUE ITALIEN DE LA GLOIRE, DE LA VICTOIRE, DE LA RENOMMÉE, ET DE LA RELIGION, sur l'Auguste Naissance de Monseigneur le Duc de Bourgogne.

GLORIA.

SIndori l'eltra, e da l'empirea molé
Splendino in trino aspetto eterni lumi
Sedal sol figlio al sole, è nato il sole.

VITTORIA.

Cosi, divisio in fiumi
Escé il mar da se stesso, e torna al mare
Lé trionfate insegne
Sian fascie al Regio Infanté.

RELIGIONE.

Ione la fede constante
L'alma gli accendero di santo zelo
Ondé sott altro Cielo
Trovi spatio piu vasto, é piu profondo,
Che troppo angusto a si gran parto.

FAMA.

Io peregina alata
Indefessa nel volo,
Trarro, nuova si lieta e si beata
Da l'uno à l'altro polo.

GLORIA.

Heroina di Bellona
Prendi essempio, e sequi me,
Consacrando una corona
Degna sol del nuovo Ré.

FAMA.

Vna Compar ne voglio
Di meraviglie inusitate, e belle.

GLORIA.

Io di palme.

VITTORIA.

Io d'allori.

RELIGIONE.

Et Io d'estelle.

I. POPVLI INCATENATI.

Chara dea de lessere,
Che da l'artico Lido al mar d'Atlante
Porti del gran Luigi y gesti eterni

Gia, che a pié del ſuo trono,
La ſua rota inchiodo, cieca fortuna,
Gia, che la Francia aduna
Nel ſemideo nepote
Le ſperanze del mondo: Il braccio invitto.
Franga i barbari ferri,
Che ne opprimono il pié,
E ſia ſuddito il mondo a ſi gran Ré.

FAMA.

Feliciſſima liberta
Vi promette luigi undi,
Sperate ſi ſi
In chi tutto puo.
La Catena che vilego
Egli un giorno diſcio gliera
Foſco nembo di duol, pui non v'ingombre
Che doue appare il ſol fuggono l'ombre.

I. POPVLI.

O Giorno,
A Pieno
Sereno.

In cui verdeggia
La ſpeme Gallica
Per cui germoglia
Il giglio d'or d'eternitade inſeno.

FAMA.

Feliciſſima liberta
Vi promette luigi undi
Sperate ſi ſi
In chi tutto puo.
La catena che vi lego
Egli un giorno diſcio gliera
Foſco nembo di duol, piu non v'ingombre
Che doue appare il ſol, fuggone l'ombre.

I. POPVLI.

O Giorno,
A Pieno
Sereno.

LA GLOIRE ET LA RENOMME'E continüent.

ALlons voir ce Heros, dont les divins regards
Ont plus de Majeſté que les douze Ceſars,
Ce ROY Victorieux par ſa haute prudence
Dans ſes heureux Eſtats voit regner aujourd'huy
~~La~~ Juſ~~tice, la Paix~~, la ~~Gloire, l'Abondance~~,
~~D~~ans ſes he~~ureux Eſtats voit regner aujourd'huy~~
La Juſtice, la Paix, la Gloire, l'Abondance,
Et tout part de ſes ſoins, & tout regne par luy.

LA VICTOIRE ſeule, & enſuite tous enſemble reprennent: Que tout l'Vnivers retentiſſe, &c.

QUE tout l'Univers retentiſſe
Des loüanges qu'on doit au plus puiſſant des Roys,
Que toute la Terre s'uniſſe
Et meſle ſes chants à nos voix,
Pour chanter de LOUIS l'amour & les exploits.

LA NYMPHE DE VERSAILLES.

SEjour plein de felicité,
Beau ſéjour de la Majeſté,
Séjour où tout plaiſir abonde.
Séjour le plus charmant du monde:
O! cent fois trop heureux ſéjour
Pour qui tout l'Univers ſoûpire.
Séjour, où les plaiſirs, les graces & l'amour
Ont tous établis leurs empires.

Chœur des Bergers de Verſailles.

POur augmenter l'inquietude
Qui nous devore nuit & jour,
On a fait une Solitude
De noſtre agreable Séjour.
Que noſtre Sort eſt déplorable

De n'avoir plus dans nos beaux lieux
Ce que la terre trouve aimable
Et ce qu'on aime dans les Cieux.

FIN.

Permis d'imprimer. Fait ce 23 Novembre 1683.
Signé, DE LA REYNIE.

www.ingramcontent.com/pod-product-compliance
Lightning Source LLC
LaVergne TN
LVHW052035160826
845678LV00003B/1358